THE 4 CUTIES –
FREUNDINNEN
UND DIE PYRAMIDE
PART IX

FÜR MEINEN EHEMANN

WAS HABEN DIE CUTIES DA
GEHÖRT

WAS SIE MÄCHTIG STÖRT

MIT DER PYRAMIDE

ABER ERST SINGEN SIE IHR
LIEDE

ODER DOCH BESSER BEIDE
LIEDER?

DASS IST IHNEN LIEBER

AM BESTEN ALLE DREI

DAS IST HIGH!

The 3 Cutiesongs

The Cutiesong

THE 4 CUTIES

ARE THE BEST

FRIENDS YES

THEY RUNNING IN THE LAND

HAND IN HAND

HAND IN HAND

RUNNING IN THE LAND

THE 4 CUTIES ARE THE BEST

THE NEW CUTIESONG

SING THE CUTIESONG

ALL TIME LONG

YES WITH YEPPA SAY JAAA

CUTIES ON THE WORLD

SINGING A WORD

WITH THE SONG

ALL TIME LONG

SING THE CUTIESONG

ALL TIME LONG YES WITH YEPPA SAY JAAA

WHERE ARE THE CUTIES?

BEGINNING WITH ONE

3000 GIRLS WITH FUN

CUTIES EVERYWHERE

ARE THERE

WO SIND DIE CUTIES

SIE SIND LUCKY

EVERYBODY CAN DO

WHAT TO DO

IN HIS OWN HOUSE

WO SIND DIE CUTIES

SIE SIND LUCKY

UNDERSTANDING OR NOT

THEY ARE HOT

ALL SISTERS BY ME

CUTIES I SEE

appmast.com

I Love U..!

EINE PYRAMIDE AUS WEISSEM MARMOR

STELLT EUCH VOR

ALS WOHNSTÄTTE BAUEN

DA BEGINNEN SIE ZU FAUCHEN

WER ZIEHT DA NOCH EIN?

WER KANN DAS SEIN?

DA SEHEN SIE EIN BILD

STIMMT DIE CUTIES NICHT SEHR MILD

SO SOLL SIE VON INNEN
AUSSEHEN

DAS KANN DIE PHANTASIE
ANREGEN

DENKEN DIE VIER
FREUNDINNEN

UND BEGINNEN
NACHZUSINNEN

DIE CUTIES HABEN ZEIT

NOCH IST ES NICHT SOWEIT

DIE THERAPEUTINNEN, STYLISTINNEN MIT IHREN PHOTOCOLLECTIONEN

WOLLEN IHRE KLÄFTE SCHONEN

DA LIEGT VIEL NOCH VOR IHNEN

UND DIE ANDROIDEN BEDIENEN!

BESONDERS DANKE ICH MEINEM EHEMANN

www.ingramcontent.com/pod-product-compliance
Lightning Source LLC
Chambersburg PA
CBHW050921290526
45792CB00002B/837